Wenn das Glück geflogen kommt

Wünsche und gute Gedanken

Ausgewählt und zusammengestellt
von Kathrin Clausing

Verlag am Eschbach

DAS GLÜCK IST EIN VOGEL

Das Glück,
weißt du,
baut sich gern ein Nest
in den höchsten Wipfeln
unserer Stunden,
sein zart verflochten Rund
wird nach dem Sturm
meist erst gefunden,
Da ist es selbst schon
längst wieder anderswo,
manchmal sieht man es fliegen,
das Glück,
vorbei –
und aus seinem Schnabel
schimmert es so.

Isabella Schneider

EISVOGEL

Und plötzlich ist ein blaues Funkeln
am grauen Ufer, wie im Traum.
Und plötzlich schimmert aus dem Dunkeln
ein Diamant, du glaubst es kaum.

Und plötzlich stürzt sich halskopfüber
gleichwie aus einer andern Welt,
das Glück im Flug an dir vorüber,
das leuchtend dir den Tag erhellt.

Jörn Heller

AMSEL

Amsel
hoch auf Hausdach –
Glücksbote im Flug.

Maria Sassin

LIED

Vöglein in den sonn'gen Tagen!
Augen blau, die mich verführen!
Könnt' ich bunte Flügel rühren,
Über Berg und Tal zu tragen!

Ach! es spricht der Frühling schöne
Und die Vögel alle singen:
Sind die Farben, denn nicht Töne,
Und die Töne blaue Schwingen?

Vöglein! ja, ich lass' das Zagen!
Winde blau die Segel rühren,
Und ich lass' mich gern entführen,
Ach! wohin? mag ich nicht fragen.

Joseph von Eichendorff

NISTKASTENPREDIGT

Sprach zum Meischen Mama Meise:
„Was bis jetzt war, endet hier!
Flieg und mach dich auf die Reise,
lass die Höhle hinter dir!

Eine Welt liegt dir zu Flügeln,
dass du sie für dich entdeckst
und vom Tal bis zu den Hügeln
deinen Schnabel in sie steckst!"

Meischen schwieg und sah die Wand an,
neigte kurz zum Widerstreben,
seufzte zaghaft auf und sprang dann
flatternd in ihr neues Leben.

Jörn Heller

MEIN BEGLEITER

In mir wohnt ein Vogel
Der die Freiheit kennt
Dem die Lust nach Weite
In der Seele brennt

In mir wohnt ein Vogel
Der der Luft vertraut
Der noch Samen findet
Im kümmerlichsten Kraut

In mir wohnt ein Vogel
Der nimmt das Leben leicht
Gemeinsam haben wir schon
Unmögliches erreicht

Doris Bewernitz

BEISPIELSWEISE

Wie der Strandläufer
sollst du sein:
flink auf den Beinen
unermüdlich
nach dem kleinen Glück stochernd
gern in guter Gesellschaft
und nie zu weit entfernt
vom Meer

Carola Vahldiek

MÖWENLIED

Die Möwen sehen alle aus,
als ob sie Emma hießen.
Sie tragen einen weißen Flaus
und sind mit Schrot zu schießen.

Ich schieße keine Möwe tot,
ich lass sie lieber leben ––
und füttre sie mit Roggenbrot
und rötlichen Zibeben.

O Mensch, du wirst nie nebenbei
der Möwe Flug erreichen.
Wofern du Emma heißest, sei
zufrieden, ihr zu gleichen.

Christian Morgenstern

FLIEG VOGEL, FLIEG

Über meinen Garten
fliegt ein Vogel.

Er bringt Kunde
vom Gesang
der Wasserbäche,
vom Wispern
in den Wipfeln
der Bäume,
vom Lachen
der Liebenden.

Flieg, Vogel, flieg
über meinen Garten
und lass mir etwas
hier vom Zauber
deiner Leichtigkeit.

Lilly Ronchetti

TÄGLICH

Kleiber müsste man sein
Kopfüber die Bäume hinablaufen
Leckerbissen finden, für die anderen
einfach die richtige Perspektive fehlt
Sich bunt und federselig
Kopf voran ins Leben stürzen
täglich
sorgenfrei

Carola Vahldiek

SONNENBAD

amselgleich
breite ich meine flügel
schwebe
lasse die sonne zaubern
träume
bunte blüten fluten
mein herz

Christel Anders

SPATZENTRÄUME

wie spatzen
sind meine träume
frech zwitschern sie
zwischen staub und himmel
erinnern mich immer wieder daran
doch nicht zu schnell
die jagd nach körnern aufzugeben
dran zu bleiben
ein nest hungriger sehnsüchte
aufzuziehen

wie spatzen
sind meine träume
lassen sich
nicht vertreiben

wie gut

Cornelia Elke Schray

DIE MÖWE

„Du bist widerlich!", sagten die Möwen, die auf der grünen Uferwiese nebeneinander saßen, zu der einen. „Alle stellen wir uns mit den Schnäbeln zum Wind, nur du, als einzige, machst es umgekehrt."

„Wenn es mir Spaß macht", erwiderte die eine. „Schadet's euch?"

„Du zerreißt unsere Gemeinschaft!", warfen die andern ihr vor und schauten weiterhin dem Wind entgegen. Nur die eine machte es umgekehrt.

Da schlich eine Katze durch das Gebüsch, erspähte die Vögel, prüfte den Wind, der ihr günstig war, und duckte sich zum Sprung.

Die eine Möwe sah sie. „Gefahr! Flieht!", schrie sie. Da stob der ganze Möwenschwarm auf.

Fabel

AUS DER ZEIT GEFALLEN

Aus der Zeit gefallen,
schwebend in Sonnengelb,
Wasserblau und Wiesengrün,
halte ich mir alles vom Leib,
was außerhalb dieser Hängematte
an meinem Stundenglück kratzt.
Ich verbanne die Sanduhren
an den Horizont,
und meine Gedanken
fliegen mit den Vögeln davon.

Hermine Geißler

HERZENSLEICHT

Mein Herz
Hat Flügel
Ich habe abgeworfen

Was es band
Nun lebt es
Nun lacht es

Pulsiert
Atmet auf
Ist frei

Doris Bewernitz

Immer die kleinen Freuden aufpicken,
bis das große Glück kommt.
Und wenn es nicht kommt,
so hat man wenigstens
die kleinen Glücke gehabt.

Theodor Fontane

GARTENKONZERT

Ein Konzert ganz ohne Gleichen,
erste Reihe, Eintritt frei,
wird bei mir zuhaus gegeben,
staunend eile ich herbei.

Die Kulisse: grüne Aue,
Rosenbusch und Apfelbaum
und davor quillt von Rabatten
duftend, bunt ein Blütentraum.

Ja, mein Garten ist Konzertsaal,
jedes Jahr zur Frühlingszeit.
Die Akustik – einzigartig,
unterm Himmel, blau und weit.

Meisen zwitschern, Spatzen tschilpen,
Amseln flöten wie noch nie.
Der Pirol übt unermüdlich
seine alte Melodie.

Krähen krächzen, Elstern schnarren,
der Fasan ruft laut und heiser
zu des Spechtes wildem Klopfen:
„Geht es nicht ein bisschen leiser?"

Lachend klappern Störche weiter
und der Kuckuck ruft dazu:
„Das Konzert ist nicht zu Ende,
erst beim Mondschein gibt es Ruh."

Doch da jubelt es von Ferne:
„Wenn einer nicht schlafen kann,
stimmen wir, die Nachtigallen,
unser schönstes Schlaflied an."

Dankbar lausch ich in den Abend,
ruhig werden Herz und Sinn.
Und ich spüre tiefe Freude,
dass ich hier zu Hause bin.

Eva Mutscher

66. Das Vergissmeinnicht.

Karl Müchler. 1806.

Friedrich Heinrich Himmel. 1808.

466.

Leise und wogend.

1. Freund-lich glänzt ... wie des

Mon-des ... me zart und hel-le; ver-

kenn' dies Blümchen nicht! o, ver-kenn' dies Blüm-chen nicht!

Frohe Lieder will ich singen
und vergessen allen Schmerz,
und ich will mich fröhlich schwingen
mit der Lerche himmelwärts.

August Heinrich Hoffmann von Fallersleben

DIE SPATZEN

Sie kennen keinen Urlaub
und brauchen ihn auch nicht.
Sie sind mit ihrem Zwitschern
ganz gut im Gleichgewicht.

Sie kuscheln eng zusammen
im Schnee wenn Winde wehn
und können so gemeinsam
den Winter überstehn.

Sie machen manchmal Pause
und trällern auf dem Ast
und blinzeln in die Sonne
so wie es ihnen passt.

Sie sind mit dem zufrieden,
was vor dem Schnabel liegt.
Ein Häppchen und ein Schnäppchen,
weil jeder etwas kriegt.

So wünsch ich dir ein Leben:
froh und im Gleichgewicht,
ein bisschen leichter eben
und oft im Sonnenlicht.

Thomas Knodel

ICH WÜNSCHE DIR FLÜGEL

Ich wünsche dir Flügel
die dich leicht machen
wie einen Vogel
und dich dorthin tragen
wo das Glück wohnt.

Monica Lockowandt

EIN VOGEL, VOR DEM FENSTER SINGEND

Und dann
nimmt mich ein Ton
bei der Hand,
draußen vor dem Fenster,
zieht mich mit sich fort,
immer höher,
luftinniger:
Das Herz
merkt auf einmal wieder,
dass es Flügel hat.
Später
findet mich das Leuchten
in deinen Augen
und umarmt
ihn weg –
den letzten Rest
Erdenschwere.

Isabella Schneider

DIE LIEDER DER AMSELN

Die Lieder der Amseln
sind für die Liebe gemacht,

für den Frühling,
den Sommer,

das Gestern
und das Morgen.

Wo Amseln singen,
ist ein Park

des Hörens,
ein Garten Eden,

durch den die
Hoffnung schweift.

Andreas Noga

SOMMERGLÜCK

Ich wünsche dir einen blauen Himmel,
Luft wie ein zarter Hauch.
Glänzende Falter,
die dich umschweben
und einen Vogel,
der für dich singt im Strauch.

Ich wünsche dir Rosen in deinem Garten,
einen Sommer,
länger als nur einen Augenblick.
Flügel, die dir langsam wachsen,
und eine Seele,
die erblüht vor Glück.

Monica Lockowandt

VERTRAUEN

Die Kohlmeise brütet.

Angriff der Nebelkrähe. Sie hängt kopfüber am Kasten und hackt in den Schlitz. Die Kohlmeise brütet.

Rings das Gekreisch der Kettensäge. Männer vom städtischen Grünflächenamt beschneiden zur Unzeit die Bäume. Äste krachen. Der Häcksler dröhnt. Die Kohlmeise brütet.

Der Gartennachbar deckt sein Dach. Hämmert, sägt, bohrt, schraubt. Die Kohlmeise brütet.

Sechzehn Gramm Vogel. Welch eine Entschlossenheit. Welch ein Vertrauen. Meine Angst um die Jungen währt drei Wochen lang. Dann fliegen sie aus. Es sind sieben.

Doris Bewernitz

WIE GUT

Das Glück
macht sich kleiner
von Zeit zu Zeit,
schlüpft einfach
in die weichen Pantoffeln,
blüht dich unerwartet an
aus einer Ritze
im Asphalt,
tiriliert durchs
offene Fenster herein
am frühen Morgen
oder schmiegt
seine warme Wange
an die deine –
einen winzigen Wimpernschlag
lang.

Isabella Schneider

SEI DU MIR AMSEL

Sei du mir Amsel oder Meise,
Bussard oder Buntspecht,
sing du mir ganz auf deine Weise,
trag du mich fliegend aus dem Gefecht.

Sei du mir Buchfink oder Ente,
Schwalbe oder Vogelstrauß,
schaff mir die lustigsten Momente,
hilf mir aus jedem Trübsinn raus.

Sei du mir Lerche oder Eule,
Adler oder ein Papagei,
du trägst mich, stark wie eine Säule,
du bist für mich das beste Vielerlei.

Komm lass uns miteinander fliegen,
hoch in den Himmel und zurück,
gemeinsam unterwegs sein
und die Nacht besiegen,
ist unser großes Glück.

Cornelia Elke Schray

105. Dem Vogel in der Luft.

Ludwig Franz Deinhardstein, 1815.
Str. 3 von Philipp Wackernagel, 1822.

505.

Mässig geschwind.

Mel. von Augustin Harder. (Vor 1811.)

1. In dem gold... Berg und Thal lässt du
2. Wo die W... Wellenstrom braust, kannst du
3. Lie - bes H... mein und die

cresc.

1. lu - stig dein Lied er - klin - gen; schwebest hin und her in dem
2. auf, kannst du nie - der schwe - ben, so mit ei - nem Mal aus der
3. himm - li - schen Wie - sen und Au - en, flög' ich auch wie du nach der

cresc.

1. blau - en Meer, dir zu küh - len die luf - ti - gen Schwingen.
2. Höh' ins Thal: ach, was führst du ein herr - li - ches Le - ben!
3. Son - ne zu, ih - re gol - de - nen Gär - ten zu schau - en!

cresc.

1. | 2.

GESUNGENE FREUDE

Es ist kein Sonnentag
und die Vögel singen,
am trüben Morgen singen sie,
als wären die Wolken ein Meer aus blaustem Blau,
als wäre der eis ge Wind
ein warmes Sommerversprechen,
als wäre das schwache Tageslicht
von goldenen Strahlen umgeben.

Die Vögel singen für mich.
Denn ihr Singen höre ich auch –
wenn mein Singen stumm ist.
Ihr Singen bezeugt mir,
dass Freude und Hoffnung noch immer da sind,
auch wenn ich sie nicht sehen kann.

Stefanie Engelhardt

LUST AM LEBEN

Den ganzen Tag singen
aus purer Lebenslust
das müssen wir
den Vögeln
erst einmal nachmachen

Gabriela Paydl

FEDERLEICHT

flog ein Vogel
federleicht
hoch über mir
glühte Licht
in seinen Flügeln
lockte Leichtigkeit
und Weitsicht
doch ich blieb unten
erdenschwer
und da
fiel eine seiner Federn
mir zu Füßen
ich hob sie auf
und lächelnd leicht
flog nun mein Herz
durch alle Wolken

Elisabeth Bernet

NICHT MÜDE WERDEN

Nicht müde werden
sondern dem Wunder
leise
wie einem Vogel
die Hand hinhalten.

Hilde Domin

192. Mailied.

Ludwig Heinrich Christoph Hölty. 1773.

Joh. Abraham Peter Schulz. 1782.

592.

Lebhaft.

1. Will - kom - men, lie - ber schö - ner Mai, der
2. Dir tönt der Vö - gel Lob - ge - sang; der
3. Roth stehn die Blu - men, weiss und blau, und
4. Ihr Bu - sen ist von Blüm - chen bunt; von

1. uns - re Flur ver - jüngt, ... Laub und
2. gan - ze Bu - chen - hain ... men - thal ist
3. Mäd - chen pflü - cken sie ... zen auf der
4. schö - ner Mo ... die ... lacht ihr

1. Blu - men neu ... ler ... dringt.
2. Sil - ber - klan - ... che ... drein.
3. grü - nen Au ... He ... hi!
4. Ro - sen - mund ... hi!

Textnachweis:
Christel Anders: S. 13 © bei der Autorin. **Elisabeth Bernet**: S. 37 © bei der Autorin. **Doris Bewernitz**: S. 7, 18, 30 © bei der Autorin. **Hilde Domin**: Nicht müde werden, aus: dies., Sämtliche Gedichte, hrsg. v. Nikola Herweg und Melanie Reinhold mit einem Nachwort von Ruth Klüger, © S. Fischer Verlag, Frankfurt am Main. **Stefanie Engelhardt**: S. 35 © bei der Autorin. **Hermine Geißler**: S. 17 © bei der Autorin. **Jörn Heller**: S. 3 aus: ders., Ab heute: gut drauf! Gedichte zum Losleben, © 2024 Verlag am Eschbach, Verlagsgruppe Patmos in der Schwabenverlag AG, Ostfildern; S. 6 © beim Autor. **Thomas Knodel**: S. 24 © beim Autor. **Monica Lockowandt**: S. 25, 29 © bei der Autorin. **Eva Mutscher**: S 20f © bei der Autorin. **Andreas Noga**: S. 28 © beim Autor. **Gabriela Paydl**: S. 36 © bei der Autorin. **Lilly Ronchetti**: S. 10 © bei der Autorin. **Maria Sassin**: S. 5 © bei der Autorin. **Isabella Schneider**: S. 2, 26, 32 © bei der Autorin. **Cornelia Elke Schray**: S. 15, 33 © bei der Autorin. **Carola Vahldiek**: S. 8, 12 © bei der Autorin.

Bildnachweis:
Gestaltet mit Bildern von: AdobeStock: Hanna, Olena Morgunova, yuliya_derbisheva. iStock: Andrew_Howe, cat_arch_angel, duncan1890, Grafissimo, maodesign, THEPALMER. shutterstock: anitapol, Le Panda, Morphart Creation, Oksana Alekseeva.

2. Auflage 2025
Alle Rechte vorbehalten
© 2025 Verlag am Eschbach
Verlagsgruppe Patmos in der Schwabenverlag AG, Ostfildern
Im Alten Rathaus/Hauptstraße 37
D-79427 Eschbach/Markgräflerland

www.verlag-am-eschbach.de

Konzept: Ilka Osenberg-van Vugt, Verlag am Eschbach
Gestaltung und Satz: Angelika Kraut, Verlag am Eschbach
Kalligrafie: Ulli Wunsch, Wehr
Druck: Grafisches Centrum Cuno GmbH & Co. KG, Calbe
Hergestellt in Deutschland
ISBN 978-3-98700-153-6

Gedruckt auf umweltfreundlichem Papier, ausgezeichnet mit dem EU Ecolabel und FSC®-zertifiziert.
Näheres zur Nachhaltigkeitsstrategie der Verlagsgruppe Patmos finden Sie auf unserer Website www.verlagsgruppe-patmos.de/nachhaltig-gut-leben
Dieses Produkt entspricht den Regeln der EU-Verordnung zur allgemeinen Produktsicherheit (GPSR). Näheres dazu auf unserer Website
www.verlagsgruppe-patmos.de/produktsicherheit. Bei Fragen zur Produktsicherheit wenden Sie sich bitte an produktsicherheit@verlagsgruppe-patmos.de

Dieser Baum steht für Erhaltung unserer natürlichen Lebensgrundlagen, umweltschonende Ressourcenverwendung und nachhaltige Herstellung.
Individuell und mit Liebe gemacht.

84. Der Wachtelschlag.

Samuel Friedrich Sauter. 1796.

Mässig geschwind.

Mel. von Karl Gottlieb Hering. 1812.

1. Horch, wie schallt's dorten so lieb-lich...
2. Wie - der be - ginnet ihr hü - pfen...
3. Schreckt dich im Wetter der Herr der...

1. Fürch - te Gott! fürch - te Gott! ruft mir die Wach - tel ins Ohr.
2. lo - be Gott! lo - be Gott! der dich zu lo - ben...
3. bit - te Gott! bit - te Gott! und er ver - schont...

1. Si - tzend im Grü - nen, von Hal - men um - hüllt, mahnt sie den Hor - cher am
2. Siehst du die herr - li - chen Früch - te im Feld: denk es mit Rüh - rung Be -
3. Ma - chen die künf - ti - gen Ta - ge dir bang, trau nur, sie wer - den der

1. Saa - ten - ge - fild: lie - be Gott! lie - be Gott! er ist so gü - tig...
2. woh - ner der Welt! dan - ke Gott! dan - ke Gott! der dich er - nährt und...
3. Wach - tel - ge - sang: trau - e Gott! trau - e Gott! deu - tet ihr lieb - ...